BEI GRIN MACHT SICH IHR WISSEN BEZAHLT

AF149205

- Wir veröffentlichen Ihre Hausarbeit, Bachelor- und Masterarbeit

- Ihr eigenes eBook und Buch - weltweit in allen wichtigen Shops

- Verdienen Sie an jedem Verkauf

Jetzt bei www.GRIN.com hochladen und kostenlos publizieren

Josua Flath

Prävention von Studienabbrüchen

Eine Untersuchung mit fünf Fallstudien

GRIN Verlag

Bibliografische Information der Deutschen Nationalbibliothek:

Die Deutsche Bibliothek verzeichnet diese Publikation in der Deutschen National-
bibliografie; detaillierte bibliografische Daten sind im Internet über http://dnb.d-
nb.de/ abrufbar.

Impressum:

Copyright © 2013 GRIN Verlag GmbH
Druck und Bindung: Books on Demand GmbH, Norderstedt Germany
ISBN: 978-3-656-68739-9

Dieses Buch bei GRIN:

http://www.grin.com/de/e-book/275879/praevention-von-studienabbruechen

GRIN - Your knowledge has value

Der GRIN Verlag publiziert seit 1998 wissenschaftliche Arbeiten von Studenten, Hochschullehrern und anderen Akademikern als eBook und gedrucktes Buch. Die Verlagswebsite www.grin.com ist die ideale Plattform zur Veröffentlichung von Hausarbeiten, Abschlussarbeiten, wissenschaftlichen Aufsätzen, Dissertationen und Fachbüchern.

Universität Mannheim
Lehrstuhl Pädagogische Psychologie
Seminar: Beratung in Bildung, Beruf und Be-
schäftigung

Referat zum Thema Prävention von Studien-abbrüchen

Josua Flath
13.05.2013

Referat zur Erbringung des Leistungsnachweises im Seminar Beratung in Bildung, Beruf und Beschäftigung.

Inhalt

1. Einleitung

Alleine in Deutschland brechen ca. 22% aller Studenten ihr Studium ab. Innerhalb der OECD-Länder liegt diese Quote sogar bei 30% und bei manchen Studiengängen ist diese Zahl weitaus höher, im Bereich des MINT bspw. (Mathematik, Informatik, Naturwissenschaft und Technik) liegt diese Quote gar bei 53 Prozent. Da jeder Student Kosten für die Hochschule und den Staat verursacht, ist dies ein wichtiges Feld in dem es guter Beratung zur Prävention eines Studienabbruchs bedarf. Diese Prävention muss bereits in der Schule beginnen und sollte darüber hinaus im Studium fortgesetzt werden, also dann, wenn die jungen Erwachsenen bereits immatrikuliert sind. (vgl. Völker, 2012) Bevor man sich darüber Gedanken machen kann, wie man diese hohen Werte an Abbrüchen senkt, muss zuerst danach gefragt werden, was die Gründe für einen gewählten Studiengang sind und was die Gründe für einen Abbruch sind. Diese Hausarbeit setzt sich mit der Thematik „Prävention von Studienabbrüchen" auseinander. Hierbei soll zunächst ein Einblick in die häufigsten Gründe gegeben werden, warum Jugendliche bzw. junge Erwachsene eine akademische Ausbildung vorzeitig ohne Abschluss beenden. Anschließend folgt eine theoretische Fundierung, in der vier allgemeinere Theorien und ein Praxisbeispiel zur Prävention von Studienabbrüchen näher beschrieben werden. Hierzu zählen der Trait-and-Factor-Ansatz, Entwicklungsbezogene Ansätze, Informationsstrukturelle Methodik sowie der Ansatz des Life-designing. Abgeschlossen wird dieses Referat mit einer Zusammenfassung von fünf Fallstudien, die im Zuge der Erstellung dieser Hausarbeit durchgeführt wurden. Für diese Fallstudien wurden fünf Studienabbrecher zu ihren eigenen Beweggründen für einen Studienabbruch befragt und welche Präventivmaßnahmen von der einzelnen Hochschule vorgenommen wurden bzw. was für Maßnahmen sich die Befragten gewünscht hätten.

2. Berufliche Objekttheorien in der Prävention gegen Studienabbrüche

Bevor Strategien zur Prävention von Studienabbrüchen erörtert werden können, muss man zunächst nach den Gründen eines Studienabbruchs und zuvor schon der Wahl für einen Studiengang fragen, damit man zukünftig bessere Beratungen durchführen kann um die Zahl der Studienabbrüche zu senken. Daher erfolgt hier zunächst eine Erörterung der Gründe für einen Studienabbruch im Allgemeinen, welche von

Daten einer Studie des Hochschulinformationssystems stammen. Anschließend erfolgt eine Sammlung von Ansätzen für die Wahl eines Berufes bzw. Studienganges.

2.1 Gründe für Studienabbrüche im Allgemeinen

Das Problem des Studienabbruchs beginnt oft schon mit der Wahl eines Studienganges. Abiturienten orientieren sich häufig an den Plänen und Wünschen anderer, wie bspw. Mitschülern oder den eigenen Eltern, anstatt eine Entscheidung zu treffen, die mit den eigenen Stärken und Interessen übereinstimmt. Dies alleine erklärt nicht die hohe Zahl der Studienabbrüche, das Wissen über die eigenen Talente würde aber die Chancen ein Studium erfolgreich abzuschließen deutlich erhöhen. (vgl. Stephan, 2009, S. 16)

Das tatsächliche Abbrechen eines Studiums ist in den meisten Fällen immer als ein Prozess zu sehen und nicht nur als eine spontane Entscheidung. Würde man sich bei einer Untersuchung der Gründe nur auf die Situation unmittelbar vor der Exmatrikulation beschränken, blieben viele Einflüsse unberücksichtigt. Daher sollte man bei Studienabbrüchen eher von einem Mix aus Bedingungsfaktoren sprechen und nicht nur von einzelnen Gründen (vgl. Meyer, Diem, Droz, Kiener, & Galley, 1999). Eine 2010 veröffentlichte Studie des Hochschulinformationssystems [HIS] ergab, dass sich die meisten Gründe unter den sieben folgenden befinden bzw. auf ihnen basieren:

- zu hohe Leistungsanforderungen
- finanzielle Probleme
- nicht bestehen von Klausuren bzw. Prüfungen
- fehlende Studienmotivation
- schlechte Studienbedingungen
- Wunsch einer beruflichen Neuorientierung
- familiäre bzw. persönliche Probleme
- gesundheitliche Gründe (vgl. Heublein, Hutzsch, Schreiber, Sommer, & Besuch, 2010, S. 16)

2.2 Trait-and-Factor-Ansatz

Der Trait-and-Factor-Ansatz wurde bereits 1909 von F. Parsons aufgestellt. In diesem Ansatz geht es darum eine bestmögliche Passung von Menschen und Berufstätigkeiten zu finden. Diese Passung bezeichnet man auch als *matching*. Das Ermitteln

dieses *matching* ist dabei der Auftrag für die berufliche Beratung, der auf der Grund-
annahme einer vorbestimmten Harmonie zwischen Mensch und Arbeitswelt basiert
und sich anhand folgender Merkmale charakterisieren lässt:

- Jeder Mensch ist durch psychische Eigenschaften für eine bestimmte Art von
  Beruf geeignet.
- Menschen in unterschiedlichen Berufen haben unterschiedliche psychische
  Eigenschaften.
- Beruflicher Erfolg und Zufriedenheit korrelieren direkt mit dem Grad an Über-
  einstimmung zwischen individuellen und beruflichen Merkmalen. (vgl. Ertelt &
  Frey, 2011, S. 2)

Die Ausprägungen der *Traits*, also der individuellen Fähigkeiten und die Ausprägung
der *Factors* sind die Werte, die für eine erfolgreiche Arbeitsleistung benötigt werden.
Diese lassen sich beide über standardisierte Tests ermitteln und versuchen dabei ein
hohes *matching* zu finden. Dabei werden allerdings Dinge, wie Work-Life-Balance
oder eine individuelle Karriereplanung, außer Acht gelassen, welche allerdings auch
eher Phänomen der heutigen Zeit sind. (vgl. McMahon & Patton, 2002, S. 53f)
Anzumerken ist allerdings, dass der Trait-and-Factor-Ansatz nicht als komplett
überholt gilt, da bspw. neuere Ansätze, wie das *ASVAB Career Exploration Program,*
auf der Grundidee des *matchings* aufbauen und es auch heute noch Vertreter dieses
Ansatzes wie *J. Holland* gibt. (vgl. Baker, 2002, S. 360f) Eine weitere Schwäche
dieses Ansatzes ist es, dass von konstanten Persönlichkeitsmerkmalen und
beruflichen Anforderungen ausgegangen wird, was daher einen sich stetig
wandelnden Arbeitsmarkt und die Entwicklung von Menschen völlig außer Acht lässt.
Daher kann man sagen, dass der Trait-and-Factor-Ansatz zwar durchaus gute
Ergebnisse liefert, die allerdings lediglich Momentaufnahmen wiedergeben. (vgl.
Ertelt & Frey, 2011, S. 3) Im Bereich der Prävention von Studienabbrüchen kann der
Trait-and-Factor-Ansatz sicher dazu verwendet werden um den Studieninteressierten
aufzuzeigen welche Studiengänge oder Ausbildungsberufe zu ihren Fähigkeiten
passen um bspw. zu verhindern, dass ein Studiengang gewählt wird, weil Freunde
ihn gewählt haben.

2.3 Entwicklungsbezogene Ansätze

Bei einer Entwicklungsbezogenen Beratung, wird ebenfalls wie bei dem Trait-and-Factor-Ansatz, versucht mittels Tests eine geeignete Passung zwischen den Fähigkeiten des Ratsuchenden und den Anforderungen eines Berufs bzw. Studiengangs zu finden. Hinzu kommt hier allerdings noch die zeitliche Komponente. Bei dieser zeitlichen Dimension werden noch die beruflichen Lebensabschnitte wie Wachstum, Erkundung und Erprobung, Etablierung, Erhaltung des Erreichten und Abbau und Rückzug unterschieden. Die wichtigste Aufgabe des Beraters ist es dabei, dass berufliche Handeln des Ratsuchenden in seinem persönlichen Entwicklungsstatus einzuschätzen. Innerhalb der Zielgruppe der Studienanfänger und Abiturienten beschränken sich die Gruppen daher auf die zeitlichen Dimensionen des Wachstums bzw. der Erkundung und Erprobung.

Eine Entwicklungsbezogene Beratung sollte immer nach einem ähnlichen Schema ablaufen, welches mit der Einschätzung der Person und ihres aktuellen Status beginnt und dabei auch die Entwicklung der Person beinhaltet. Im zweiten Schritt folgt dann die Einschätzung des beruflichen Problems und die Faktoren, die damit verbunden sind. Als nächstes muss vom Berater eine Prognose aufgestellt werden und der erhoffte Beratungserfolg prognostiziert werden. Abschließend erfolgt eine Zusammenfassung der einzelnen Schritte und Elemente.

Wie der Beratungsprozess dann tatsächlich verläuft, ist überwiegend von dem beruflichen Entwicklungsstand der Klienten abhängig. Um diesen Stand zu erkennen, müssen vom Berater Tests, wie das *Career Maturity Instrument* oder das *Career Pattern Study*, angewandt werden. Das wichtigste Ziel dieser Methode ist, insbesondere bei der Gruppe der Abiturienten und Studieninteressierten die Förderung der beruflichen Entwicklung des Ratsuchenden, damit vermieden werden kann, dass spätere berufliche Neuorientierungen angestrebt werden. (vgl. Mosberger, Schneeweiß & Steiner, 2012, S. 37f)

2.4 Informationsstrukturelle Methodik

Bei dem Ansatz der Informationsstrukturellen Methodik wird in der Beratung beachtet, dass die Ratsuchenden oft in extremen Situationen Beratungsleistungen in Anspruch nehmen, in denen sie grundlegende Entscheidungen mit schwer abschätzbaren Folgen treffen müssen. Die Ratsuchenden benötigen meistens Informationen über Alternativen sowie deren Realisierungschancen, Informationen wie Bewertungskriterien, die aus den eigenen Interessen, Motivationen, Präferenzen, Eignungsvorstellungen und internalisierten Bedingungen resultieren. Ebenfalls werden Informationen darüber benötigt, welche faktischen und wertenden Informationen wie miteinander zu verknüpfen sind. Kurz gesagt, geht es bei diesem Ansatz darum, Informationen für den Klienten zu strukturieren und ihn nicht mit Informationen zu überschütten. Im Feld der Studierenden bzw. angehenden Studenten ist es Aufgabe des Beraters, eine Richtung für den Ratsuchenden vorzugeben. Wenn bspw. ein betriebswirtschaftliches Studium passen würde, sollte der Berater nicht alle Studiengänge innerhalb dieses Bereiches aufzählen, da es nicht zwingend zielführend ist wenn er aus BWL, Handelsmarketing, Handelsmanagement, Controlling, Wirtschaftspädagogik, Kultur und Wirtschaft, Wirtschaftspsychologie und International Business Administration auswählen muss, da ihn diese Fülle an Informationen möglicherweise nicht weiterbringt. (vgl. Niedlich, Christ, Korte, Berlinger, & Aurich, 2007, S. 44f)

2.5 Ansatz des Life-designing

Der Ansatz des Life-designing bezieht sich, im Gegensatz zu dem Trait-and-Factor-Ansatz, nicht auf Testergebnisse, sondern auf die Biographie, die Lebensplanung und die angestrebte *Work-Life Balance* des einzelnen, wobei eine ganzheitlich, präventive und individuelle Beratung gewährleistet werden soll.

Dabei muss der Ansatz des Life-designing mehr leisten als die Klienten nur für aktuelle Änderungen und künftige Entwicklungen zu befähigen. Es sollte ihnen auch geholfen werden darüber bestimmen zu können, welche Fähigkeiten, welches Wissen ihnen für ihre lebenslange Entwicklung von Bedeutung ist und auch wie, wo und wann sie diese Fähigkeiten erwerben können. Im Sinne einer ganzheitlichen Entwicklung, gilt es neben den beruflichen Aspekten auch anderen wichtigen Lebensinhalten, wie der Familie oder auch den Hobbys Raum zu geben. Klienten, die einer ganzheitlichen Lebensplanung folgen möchten, sollten vom Berater dazu ermutigt werden die wichtigsten Faktoren und Bestandteile ihres Lebens zu berücksichtigen, wenn sie ihre Karriere planen. Der Berater sollte hierbei auch beachten, dass nicht für alle Menschen die berufliche Karriere die wichtigste Rolle in ihrem Leben spielt.

Im Folgenden soll das Interventionsmodell innerhalb des Life-designing Ansatzes ausgeführt werden. Bei diesem Ansatz gibt es sechs Schritte, wobei es allerdings im Ermessen des Beraters liegt, ob diese bei jedem einzelnen Klienten durchgeführt werden müssen. Zu Beginn müssen der Klient und der Berater das Problem bestimmen und erörtern, was der Klient sich von der Beratung erhofft und wünscht. Im Zuge des ersten Schrittes, gilt es für den Berater, Ziele für die Beratung festzuhalten und zu verdeutlichen, dass diese gemeinsam im Team erarbeitet werden sollen. In dieser Beziehung ermutigt der Berater den Klienten durch persönliche Erlebnisse die Ursache und die Entstehung von Problemen zu beschreiben. Der Blickwinkel ist nicht auf nur einen Bereich des Lebens beschränkt, sondern der Dialog muss dem Klienten helfen, sich der wichtigsten Bereiche innerhalb seines Lebens bewusst zu werden. Im zweiten Schritt geht es dann darum, den Klienten das gegenwärtige System seiner Identität erforschen zu lassen. Dabei prüfen beide Parteien, wie sich der Klient aktuell selbst wahrnimmt, wie der Klient sich selbst organisiert und in seinen wichtigsten Lebensbereichen handelt. Der Berater hilft dem Klienten bei der Reflektion und strukturiert dann die Erfahrungen und Anforderungen, Handlungen, Beziehungen zu anderen und zukünftigen Erwartungen. Der dritte Schritt innerhalb dieses Prozesses hat das Ziel Perspektiven aufzuzeigen. Dies geschieht, indem die Erlebnisse objektiver dargestellt werden, ihnen Inhalt zugefügt und versucht wird, den Klienten diese mit einer gewissen Distanz betrachten zu lassen. Durch diese aufgebaute Distanz soll der Klient befähigt werden, die Geschehnisse und das Erzählte aus einer neuen Perspektive sehen zu können. Bei diesem Schritt werden therapeutische Elemente angewandt, wodurch der Berater dem Klienten die Zeit geben soll, die Geschehnisse erneut zu erzählen und wiederholt erleben zu lassen. Der vierte Schritt in der Lifedesigning Beratung ist, das Problem in dieser neu erzählten Geschichte ausfindig zu machen. Der zentrale Moment dieses Prozesses tritt ein, wenn das Problem in die neu eröffnete Perspektive gesetzt wird. Dieser Schritt soll den Klienten dazu befähigen, selbst von dieser neuen Perspektive über neue oder erwartete Identitätsformen nachzudenken. Dieser Schritt ist dann abgeschlossen, wenn der Klient eine Verbindung aus etwas Altem und etwas Neuem zu einer neuen Identität herstellt. Im fünften Schritt müssen Tätigkeiten bestimmt werden, die diese neue gewollte Identität fördern und unterstützen. Der Klient muss dabei anfangen Tätigkeiten auszuüben, die in einer Beziehung zu der angestrebten Persönlichkeit stehen. Hier muss nach einem Plan vorgegangen werden, den der Klient selbst anfertigen muss, in dem Aktivitäten aufgelistet werden, die gegenwärtige Erwartungen, aber auch aktuelle Wünsche des Klienten darstellen. Ebenfalls sollte enthalten sein, wie man mit aktuellen oder potenziellen Hindernissen umgehen möchte, aber auch wie man die neue Lebensplanung wichtigen Zuhörern verkauft. Der sechste und letzte Schritt sind dann die Folgeaktionen, sowohl kurz- als auch langfristig. Im Zuge der Qualitätsüberprüfung muss der Berater die Entwicklung des Klienten beobachten und, falls notwendig, weitere Beratung anbieten. (vgl. Savickas, et al., 2009, S. 244ff)

2.6 Praxisbeispiel: Qualitätsmanagement zum Studienbeginn

Studien- und Berufsberatungen werden es nie komplett verhindern können, dass es zu Studienabbrüchen kommt. Wie bereits dargestellt sind es oftmals private Gründe die bei den Studierenden den Ausschlag geben ein Studium abzubrechen, worauf weder die Universitäten noch die Berater einen Einfluss nehmen können. Allerdings sollte es im Interesse der Hochschulen sein, denen, die aufgrund von Problemen mit den Studieninhalten ihr Studium abbrechen wollen, Unterstützung anzubieten. Eine solche Unterstützung bspw. in Form von Wiederholungskursen oder zusätzlichen Übungen, könnte einzelnen helfen, ihr Studium zu meistern und somit nicht abzubrechen. Um den Bedarf hierfür ermitteln zu können, müssen kontinuierlich Daten erhoben werden, welche die wichtigsten Problemfelder innerhalb eines Studiengangs sind. Anhand dieser Daten müssen dann bspw. vom Studiengangsmanagement, Konsequenzen abgeleitet und Maßnahmen entwickelt werden, welche im Nachhinein natürlich evaluiert werden müssen.

Erste Maßnahmen sollten bereits vor Beginn eines Studienbeginns durchgeführt werden, bspw. in Form von Infotagen der Hochschule oder der Möglichkeit eines Schnupperstudiums. Die Aufgabe der Hochschulen muss hierbei sein, die möglichen Studieninteressenten bestmöglich über den Studiengang und die sich daraus ergebenden Berufsfelder zu informieren. Anschließend könnte dann ein Motivationsschreiben oder ein Auswahlgespräch als Kriterium für die Bewerbung hinzugefügt werden, woran man überprüfen kann, ob der Bewerber sich intensiv mit der Wahl auseinandergesetzt hat oder nicht.

Anschließend an diese erste Phase folgt eine erweiterte Studieneingangsphase, die sich bis zum Ende des zweiten Semesters erstreckt und ebenfalls sehr wichtig ist. In dieser Phase müssen die Studierenden neben Dingen wie ein neues Umfeld aufzubauen, auch die eventuell vorhandenen fachlichen Defizite erkennen und ausgleichen und die anstehenden Prüfungen bestehen. Das Ziel des Qualitätsmanagement in dieser Phase muss es sein, die Studienanfänger bei diesen Herausforderungen zu unterstützen, um jede bewältigen zu können und wichtige Kompetenzen zu erwerben. Im weiteren Studienverlauf könnte das Studiengangsmanagement die erzielten Leistungen der einzelnen Studierenden auswerten und darauf basierend individuell angepasste Unterstützung anbieten. Dies könnte dann auch Defizite innerhalb eines Studiengangs identifizieren, wenn man ausreichend Daten hat, die aufzeigen, in welchem Fach Studenten mit einem speziellen Hintergrund häufig Probleme haben. So ein Ansatz bedarf allerdings eines hohen Arbeitsaufwandes des Studiengangsmanagements und der Arbeit mit sensiblen Daten. Anhand solcher Daten könnte man im Nachhinein auch präventiv für nachfolgende Jahrgänge arbeiten und bereits zu Beginn gezieltere Förderungen anbieten. (vgl. in der Smitten & Heublein, 2013, S. 100f)

3. Fallstudien

In diesem Abschnitt sollen fünf Fälle von Studienabbrüchen untersucht werden. Die Untersuchung erfolgte in Form einer schriftlichen Befragung.

Dabei wurden folgende Fragestellungen verwendet:

1. Wie alt sind Sie und was ist Ihr jetziger Beruf/Studiengang?
2. Wie sieht Ihr Lebenslauf in Kürze aus?
3. Was war die Motivation für die Wahl Ihres ersten Studienganges?
4. Wie kam es zu Ihrem Studienabbruch, was waren die entscheidenden Gründe?
5. Haben Sie vor dem Abbruch Beratung in Anspruch genommen (Studienberatung, Berufsberatung, etc.)?
6. Hat die Universität/FH etwas unternommen um Ihren Studienabbruch zu verhindern?
7. Durch welche Maßnahmen der Hochschule hätten Sie Ihr Studium fortgesetzt, bzw. was hätten Sie sich von der Hochschule gewünscht?

Die genauen Antworten finden sich im Anhang, hier sollen zunächst die Ergebnisse der fünf Befragten zusammengefasst werden. Die Ergebnisse der fünf Fälle sind natürlich nicht repräsentativ, spiegeln aber die Ergebnisse aus teilweise 2.1. wieder. Bei der ersten Frage sticht hervor, dass lediglich einer der Befragten sich nach dem Studienabbruch für eine Ausbildung entschieden hat. Mit Ausnahme von zweien wurde anschließend wieder ein Studium aufgenommen, wodurch man darauf schließen kann, dass eine Berufsausbildung nur in den seltensten Fällen eine Alternative darstellt. Allerdings ist hier anzumerken, dass es aktuell Bemühungen im Bereich des

Handwerks gibt, Studienabbrecher für Handwerkliche Berufe zu gewinnen. Grund hierfür ist weniger der zunehmende Fachkräftemangel, als der drohende Führungskräftemangel in den nächsten Jahren. Die Handwerksbetriebe erhoffen bei den Studienabbrechern leistungsfähigere Mitarbeiter zu finden, die die Berufsausbildung und zeitgleich die Meisterschule absolvieren können, um zeitnah im Betrieb eingesetzt werden zu können. (vgl. Gläser, 2013)

Bei der dritten Frage, was die Motivation für das erste Studium war, lässt sich ein Stück weit der Trait-and-Factor-Ansatz erkennen, da darauf geachtet wurde, dass der Studiengang den eigenen Fähigkeiten entspricht und zu ihnen passt. Bei den Befragten tauchte ebenfalls die Antwort, dass Freunde den gleichen Studiengang gewählt hätten, auf, was sicher ein Ansatzpunkt für zukünftige Berufs- bzw. Studienberatungen sein sollte. Auffällig ist ebenfalls, dass keiner der Befragten im Vorfeld des Studiums Beratungsleistungen in Anspruch genommen hat, sondern sich auf anderem Wege über mögliche Studiengänge informiert hat.

Bei der vierten Frage, wie es zu dem Studienabbruch kam, werden ebenfalls einige Gründe aus 2.1., wie der fehlende Praxisbezug und familiäre Probleme, genannt. Hier zeigt sich auch, dass es nicht nur einen ausschlaggebenden Faktor gab, sondern der Abbruch meistens eine Mischung aus mehreren Faktoren ist.

Bei der fünften Frage, ob Beratung in Anspruch genommen wurde, stellte sich heraus dass lediglich eine Person solche Leistungen in Anspruch nahm. Dabei wurde das Angebot universitätsinterner Beratung in Anspruch genommen und bspw. nicht von der Bundesagentur für Arbeit. Die letzten beiden Fragen ergaben, dass die befragten sich keine konkreten Maßnahmen von der Universität im Nachhinein gewünscht hätten.

Aus diesen fünf Fallstudien zeigt sich, dass sich die meisten Studenten, die sich für einen Studienabbruch entscheiden, nur schwer vom Gegenteil überzeugen lassen können, da es, wenn der Entschluss erst einmal getroffen wurde, bereits zu spät ist. Dies verdeutlicht, dass es einer besseren Beratung vor Studienbeginn bedarf. Zusätzlich sollten die Universitäten und Hochschulen weitere Tests einführen, mit denen die Fähigkeiten einen spezifischen Studiengang absolvieren zu können, überprüft werden. Solche Tests sind natürlich kein Allheilmittel, würden aber dem Argument der zu hohen Leistungsanforderungen entgegenwirken.

4. Fazit

In dieser Hausarbeit wurden, nach einer Erläuterung über die häufigsten Gründe für Studienabbrüche, fünf Theorien zur Berufs- bzw. Studienwahl in Bezug zur Prävention von Studienabbrüchen erläutert. Ergänzt wurde dies von einem Beispiel aus der aktuellen Praxis, dem Qualitätsmanagements zum Studienbeginn. Anschließend wurden die Ergebnisse aus fünf Fallstudien, von Studienabbrüchen zusammengefasst. Es zeigte sich, dass die am häufigsten genannten Gründe bei den Fallstudien wiederzufinden waren. Ebenfalls konnte man teilweise manche Theorien der Berufswahl bei den Interviews wiederfinden, auch wenn diese nicht bewusst angewandt wurden. Aus den Interviews kristallisierte sich ebenfalls heraus, dass von den Universitäten wenig unternommen wird um Studienabbrüche zu verhindern. Erst seit wenigen Jahren versuchen manche Hochschulen wie in 2.6. geschildert, dem entgegenzuwirken und Studierende, die Probleme mit den Studieninhalten haben, gezielter zu unterstützen. Manche Universitäten versuchen bereits durch differenziertere Auswahlverfahren qualifiziertere Studienbewerber anzunehmen, was sicher einen ersten Schritt darstellt, um präventiv Studienabbrüche zu verhindern. Allerdings kann hier gerade bei den MINT-Studiengängen noch mehr getan werden, da diese die höchsten Abbruchquoten aufweisen und oftmals über keinen Numerus Clausus verfügen. Abschließend ist festzuhalten, dass sowohl von der Bundesagentur für Arbeit und den Universitäten selbst mehr getan werden kann, wenn nicht sogar getan werden muss, um langfristig die Zahlen der Studienabbrecher zu senken und den dadurch entstehenden volkswirtschaftlichen Schaden minimieren zu können.

5. Literaturverzeichnis

Baker, H. E. (Juni 2002). Reducing Adolescent Career Indecision: The ASVAB Career Exploration Program. *The Career Development Quarterly*, S. 359-370.

Ertelt, B.-J., & Frey, A. (2011). *Theorien der Beruflichen Entwicklung und Beratung in ihrer Bedeutung für die Abbruchprävention.* Abgerufen am 1. Mai 2013 von http://www.praelab-hdba.eu/: http://www.praelab-hdba.eu/fileadmin/redaktion/Materialien/Deutsch/1-3_KT_und_weiteres_Material/Theorien_der_beruflichen_Entwicklung_und_Beratung.pdf

Gläser, C. (11. Mai 2013). *Spiegel Online.* Abgerufen am 11. Mai 2013 von http://www.spiegel.de/karriere/berufsstart/studienabbrecher-machen-im-handwerk-schnell-karriere-a-898963.html#ref=rss

Heublein, U., Hutzsch, C., Schreiber, J., Sommer, D., & Besuch, G. (2010). *Ursachen des Studienabbruchs in Bachelor- und in herkömmlichen Studiengängen.* Hannover: HIS.

in der Smitten, S., & Heublein, U. (März 2013). Qualitätsmanagement zur Vorbeugung von Studienabbrüchen. *Zeitschrift für Hochschulentwicklung*, S. 98-109.

McMahon, M., & Patton, W. (2002). Using Qualitative Assessment in Career Counselling. *International Journal for Educational and Vocational Guidance*, S. 53f.

Meyer, T., Diem, M., Droz, R., Kiener, U., & Galley, F. (1999). *Hochschule - Studium - Studienabbruch.* Zürich: Rüegger Verlag.

Mosberger, B., Schneeweiß, S., & Steiner, K. (2012). *Praxishandbuch Theorien der Bildungs- und Berufsberatung.* Wien: Communicatio - Kommunikations- und PublikationsgmbH.

Niedlich, F., Christ, F., Korte, I., Berlinger, U., & Aurich, P. (2007). *Bestandsaufnahme in der Bildungs-, Berufs- und Beschäftigungsberatung und Entwicklung grundlegender Qualitätsstandards.* Bielefeld: W. Bertelsmann Verlag.

Savickas, M. L., Nota, L., Rossier, J., Dauwalder, J.-P., Duarte, M., Guichard, J., et al. (7. April 2009). Life designing: A paradigm for career construction in the 21st century. *Journal of Vocational Behavior*, S. 239-250.

Stephan, E. (4. Dezember 2009). Wer die eigenen Talente kennt, fndet leichter den richtigen Beruf. *VDI Nachrichten*, S. 16.

Völker, E. (31. August 2012). *Ndr.de.* Abgerufen am 11. Mai 2013 von http://www.ndr.de/info/programm/sendungen/reportagen/ausbildung331.html

6. Anhang

Interview 1:

Gerhard B., 66 Jahre

1. Wie alt sind Sie und was ist Ihr jetziger Beruf/Studiengang?

66 Jahre; selbstständiger Kaufmann; Geschäftsführer/Inhaber

2. Wie sieht Ihr Lebenslauf in Kürze aus?

Abitur; 6 Semester BWL; 4 Semester Medizin; 1 Jahr Pharmareferent; Vertrieb; Verkaufsleiter;

Selbstständig – Geschäftsführer/Inhaber; verheiratet, 2 Kinder,

3. Was war die Motivation für die Wahl Ihres ersten Studienganges?

Es war das einzige, was für mich in Frage kam. Außerdem haben das auch einige Schulfreunde von mir studiert.

4. Wie kam es zu Ihrem Studienabbruch, was waren die entscheidenden Gründe?

War nicht sehr lernfreudig (Schwimmbad, Disco); Lehrstoff empfand ich als sehr trocken; habe Statistikklausur zwei mal verhauen und musste aufhören.

5. Haben Sie vor dem Abbruch Beratung in Anspruch genommen (Studienberatung, Berufsberatung, etc.)?

Nein.

6. Hat die Universität/FH etwas unternommen um Ihren Studienabbruch zu verhindern?

Nein.

7. Durch welche Maßnahmen der Hochschule hätten Sie Ihr Studium fortgesetzt, bzw. was hätten Sie sich von der Hochschule gewünscht?

Aus meiner Sicht trifft die Uni keine Schuld, es lag an mir selbst. Rückblickend kann ich aber sagen, dass mir die beiden Studien den Einstieg in das Berufsleben geholfen haben und ich bin mit allem, wie es sich danach entwickelt hat, voll zufrieden.

Interview 2:

Stefan G., 29 Jahre

1. Wie alt sind Sie und was ist Ihr jetziger Beruf/Studiengang?

29, zur Zeit Politische Ökonomie im Teilzeitstudium Uni Heidelberg, Selbstständig in der Finanzdienstleistungsbranche

2. Wie sieht Ihr Lebenslauf in Kürze aus?

2004 Abi, 2004-2006 Ehrenamtliche Tätigkeit in England, 2006-2007 Zivildienst, 2007-2008 PH Heidelberg Realschullehramt, 2008-2012 Uni Mannheim Wipäd, seit 2012 Politische Ökonomie Teilzeitstudium Uni Heidelberg

3. Was war die Motivation für die Wahl Ihres ersten Studienganges?

Kommunikativer Typ, Menschen etwas beibringen

4. Wie kam es zu Ihrem Studienabbruch, was waren die entscheidenden Gründe?

Perspektive im Lehrerberuf nicht gegeben, keine Chance Branche zu wechseln

5. Haben Sie vor dem Abbruch Beratung in Anspruch genommen (Studienberatung, Berufsberatung, etc.)?

Nein, Gespräche mit persönlichem Umfeld

6. Hat die Universität/FH etwas unternommen um Ihren Studienabbruch zu verhindern?

Nein

7. Durch welche Maßnahmen der Hochschule hätten Sie Ihr Studium fortgesetzt, bzw. was hätten Sie sich von der Hochschule gewünscht?

Hätte nichts geändert, die Perspektive hätte man nicht ändern können

Interview 3:

Ali B., 27 Jahre

1. Wie alt sind Sie und was ist Ihr jetziger Beruf/Studiengang?

Alter: 27, Studium: Bachelor of Arts Architektur 6 Semester

2. Wie sieht Ihr Lebenslauf in Kürze aus?

Hauptschule, Wirtschaftsschule (mittlere Reife), Wirtschaftsgymnasium (Allgemeine Hochschulreife), Studium an der Universität Mannheim; Wirtschaftspädagogik (3 Semester/Abbruch), derzeit Studium an der University of applied Sciences h_da (6. Semester)

3. Was war die Motivation für die Wahl Ihres ersten Studienganges?

Geld und Vorkenntnisse in Wirtschaft

4. Wie kam es zu Ihrem Studienabbruch, was waren die entscheidenden Gründe?

Stoff zu trocken, extrem hoher Lernaufwand ohne Abwechslung, langweilig, fehlende Praxis, Familiäre Gründe

5. Haben Sie vor dem Abbruch Beratung in Anspruch genommen (Studienberatung, Berufsberatung, etc.)?

Ja, Universitätsinterne Studienberatung

6. Hat die Universität/FH etwas unternommen um Ihren Studienabbruch zu verhindern?

Nein, trotz Härtefallantrag

7. Durch welche Maßnahmen der Hochschule hätten Sie Ihr Studium fortgesetzt, bzw. was hätten Sie sich von der Hochschule gewünscht?

Nichts, die Universität an sich ist sehr gut organisiert und strukturiert. Vielleicht etwas mehr Platz in den Räumen/Sälen schaffen. Lediglich das Studienfach ist zu trocken gestaltet...stupides auswendig lernen, zu wenig Bezug zur Praxis

Interview 4:

Phil M., 26 Jahre

1. Wie alt sind Sie und was ist Ihr jetziger Beruf/Studiengang?

26 Jahre. Student der Betriebswirtschaftslehre.

2. Wie sieht Ihr Lebenslauf in Kürze aus?

Abitur, Zivildienst, Jurastudium - nach einem Jahr abgebrochen. BWL-Studium.

3. Was war die Motivation für die Wahl Ihres ersten Studienganges?

Überzeugung, dass der Beruf des Anwalts auf Grund meiner Fähigkeiten und Interessen ein geeigneter Beruf sein könnte.

4. Wie kam es zu Ihrem Studienabbruch, was waren die entscheidenden Gründe?

Kann ich heute ehrlich gesagt nicht mehr genau ausmachen. Wahrscheinlich ein Mix aus Überforderung, Unsicherheit und der Erkenntnis, dass es vielleicht doch einen anderen Studiengang gibt, der besser zu mir passt.

5. Haben Sie vor dem Abbruch Beratung in Anspruch genommen (Studienberatung, Berufsberatung, etc.)?

Nein.

6. Hat die Universität/FH etwas unternommen um Ihren Studienabbruch zu verhindern?

Nein.

7. Durch welche Maßnahmen der Hochschule hätten Sie Ihr Studium fortgesetzt, bzw. was hätten Sie sich von der Hochschule gewünscht?

Ersteres kann ich nicht beurteilen. Zu letzterem: Ich denke nicht, dass es die Aufgabe der Hochschule ist, auf Studenten, die den Studiengang wechseln zuzugehen. Wenn jemand gerne Beratung in Anspruch nehmen möchte ist es selbstverständlich wichtig, dass diese zur Verfügung steht. Jedoch habe ich dies nicht getan und halte es daher auch nicht für falsch, dass mich nach meiner Exmatrikulation niemand beraten hatte.

Interview 5:

Felix R., 25 Jahre

1. Wie alt sind Sie und was ist Ihr jetziger Beruf/Studiengang?

25Jahre - Ausbildung zum Tischler

2. Wie sieht Ihr Lebenslauf in Kürze aus?

Fachabitur - Grundwehrdienst – 2 Jahre Studium der Kunstwissenschaft - Ausbildungsbeginn

3. Was war die Motivation für die Wahl Ihres ersten Studienganges?

Es war der einzige Studiengang an der Kunsthochschule Kassel ohne eine Zulassungsbeschränkung außer einem NC (keine Mappe etc.), allerdings mit Chancen intern zu wechseln!

4. Wie kam es zu Ihrem Studienabbruch, was waren die entscheidenden Gründe?

Ich konnte Kunstwissenschaft nicht als Lebensaufgabe für mich entdecken, es ist für mich mehr ein Hobby als, dass ich Jahre in eine Ausbildung stecken wollte, zu viel Theorie (brauchte immer Praxisbezug), keine Chance auf große künstlerische Entfaltung

5. Haben Sie vor dem Abbruch Beratung in Anspruch genommen (Studienberatung, Berufsberatung, etc.)?

Nein.

6. Hat die Universität/FH etwas unternommen um Ihren Studienabbruch zu verhindern?

Nein.

7. Durch welche Maßnahmen der Hochschule hätten Sie Ihr Studium fortgesetzt, bzw. was hätten Sie sich von der Hochschule gewünscht?

Die Entscheidung war für mich nach dem Praktikum in meiner jetzigen Ausbildungsstätte klar, also nein.